Conviert Computadora en Una Máquina de Hacer Dinero

Aprende Las Maneras Más Sencillas y Rápidas de Crear Dinero Desde Casa

Volumen 2

Por

Income Mastery

La información en las siguientes páginas se considera, en términos generales, como una descripción veraz y precisa de los hechos y, como tal, cualquier falta de atención, uso o mal uso de la información en cuestión por parte del lector hará que las acciones resultantes sean únicamente de su competencia. No hay escenarios en los que el editor o el autor de este libro puedan ser considerados responsables de cualquier dificultad o daño que pueda ocurrirles después de realizar la información aquí expuesta.

Además, la información en las siguientes páginas está destinada únicamente a fines informativos y, por lo tanto, debe considerarse como universal. Como corresponde a su naturaleza, se presenta sin garantía con respecto a su validez prolongada o calidad provisional. Las marcas comerciales que se mencionan se realizan sin consentimiento por escrito y de ninguna manera pueden considerarse como auspicios de la misma.

Table de Contenidos

Introducción:

Hay muchas maneras sencillas y rápidas de ganar dinero por internet, usando el mercado digital con una computadora desde tu casa. ¿Necesitas más dinero porque quieres ahorrar, incrementar tus ingresos, pagar tus deudas, pagar tu hipoteca o comprar algo que te gustó? No importa la razón, el mercado digital puede abrirte las puertas a este dinero adicional si es que sabes utilizarlo de la forma correcta. ¿Te atreves a probarlo? ¿Tienes una computadora en casa? ¿Cuántas horas al día la usas? ¿Sabías que puedes utilizar tu computadora para ganar dinero online de forma fácil, rápida y segura? ¿Para qué estás usando tu computadora? ¿Juegas Candy Crush, o estás en Facebook todo el día? Si sólo la utilizas para leer el periódico y hacer exámenes en internet de qué tipo de pan eres, ¡estás perdiendo dinero! Asimismo, si sólo estás usando tu computadora para hacer tu trabajo regular o para llevarte el trabajo de la oficina a la casa, también estás perdiendo dinero.

Tu computadora es una máquina de hacer dinero, no la desaproveches, más aún, si tienes tiempos libres.

¿Mi computadora es una máquina de hacer dinero? Sí, hay diferentes lugares en donde dedicando un par de horas al día puedes ganar dinero gratis o haciendo actividades relativamente sencillas, puedes vender tus propios productos, puedes vender objetos que no utilices e incluso pueden comenzar tu propio blog para que te vuelvas influencer y puedas ganar dinero de los auspiciadores y productos gratis. ¿No te gustan estas opciones pero quieres trabajar de tu casa y de cualquier parte del mundo? Puedes ganar dinero por tus habilidades, puedes traducir textos, dar clases, inclusive puedes crear un curso y venderlo, puedes ganar dinero de forma gratis, lo puedes ganar como Bitcoins siguiendo nuestros consejos. Sigue leyendo este libro para que conviertas a tu computadora en una máquina de hacer dinero de forma sencilla y rápida.

Capítulo 1: El mercado digital y sus ventajas

¿Sabes qué es el mercado digital o tienes alguna idea de lo que podría ser o cómo podría funcionar? Si no sabes, no te preocupes, comencemos explicando qué es el mercado digital, cómo funciona, cómo podemos ganar dinero y cuáles son los beneficios y ventajas de usar el marketplace para ganar dinero rápido, de forma sencilla y de forma relativamente sencilla. Debemos entender qué es el Marketplace, o mercado en línea y cómo funciona antes de comenzar para poder entender el funcionamiento del mismo y poder sacarle el máximo provecho.

El mercado digital, también conocido como "marketplace" es un espacio virtual donde varias empresas pueden vender sus productos y/o servicios. ¿Creo que eso tiene que ver con Ecommerce como tienda? No, Ecommerce tiene que ver con la creación de una tienda en línea con el nombre de tu tienda, tus propias prendas, entre otros. Tendría que ser una tienda virtual solamente tuya, con opciones de diferentes pagos para las compras, políticas de devolución, políticas de envíos y de una empresa que esté debidamente registrada ante el estado y que tribute, es decir, que pague impuestos. Tiene que ser tu propia tienda virtual, con tu dominio, con tu número de registro de tienda, tus productos, entre otros. No puedes compartir el espacio con nadie más, tiene que ser solo tuya. Por ejemplo, veamos una marca de ropa, Christian Dior, si entras a ver su página web verás que son solamente sus productos y todas las líneas dentro de su marca. Tiene su propio dominio con el nombre de la marca, sus propios modelos, las fotos de sus productos, sus propias descripciones, entre otros.

Cuando hablamos de marketplace, nos referimos a diferentes plataformas como Alibaba, Amazon o Ebay. Todas son tiendas virtuales que ofrecen diferentes productos de diferentes industrias y que envían los productos que has pedido a tu casa o a la dirección que a ti te parezca mejor en el rango establecido de tiempo por ti y por la compañía. Es una forma muy fácil de comprar ropa, cosas para la casa, inclusive artículos de limpieza, entre otros. Estas compañías en línea tienen diferentes tiendas donde los clientes potenciales pueden entrar y buscar cualquier tipo de objeto y/o prenda y pedirla que quieran o necesiten y pedirla como delivery por internet. Por ejemplo, ahora anda a tu buscador predeterminado, que sea Google Chrome o Safari y entra a la tienda Ebay o Amazon, busca cualquier tipo de producto que se te ocurra, inclusive puedes comprar medias, plantas, celulares, ropa para perros, objetos para decorar tu casa, shampoo, comida, entre otros. Tienes muchísimas opciones para todos los gustos. ¡Puedes comprar todo lo que te puedas imaginar! Por esta razón, es importante resaltar que estos marketplace (Amazon o Ebay por ejemplo) no están vendiendo un sólo producto, ellos venden varios productos, de diferentes industrias y más que nada, de diferentes marcas o personas naturales.

Muchas empresas venden a través de su plataforma, es decir, las tiendas usan esta plataforma como si fueran escaparates, los clientes potenciales y sus clientes finales, es decir, los que realizan la compra, usualmente vienen del tráfico de estas mismas páginas. Los clientes potenciales pueden comunicarse contigo como empresa o como persona natural, hacer preguntas de tu producto, solicitar más fotos o más colores, entre otros. La empresa o la persona natural puede contactarse con los clientes potenciales una vez que uno de ellos les haya enviado un correo electrónico. Adicionalmente, a los clientes potenciales que les gustan nuestros productos, es decir, le ponen un "corazón" a nuestro producto le podemos enviar un descuento en nuestro producto para que lo compren. Todo lo podemos hacer desde el marketplace.

Ya tienes una idea de qué es el mercado digital, cómo funciona y entiendes que puedes vender diferentes productos. Para poder entenderlo mejor y poder imaginarse lo que realmente es el Marketplace y cómo funciona, recomendamos hacer lo siguiente. Ingresa a alguna de las páginas (Amazon o Ebay) y piensa en él como si fuera un centro comercial virtual con diferentes tiendas. Este, al igual que un Centro Comercial, tiene diferentes espacios para que cada tienda que está dentro del centro comercial pueda promocionar y vender sus productos y/o servicios como cada uno de ellos vea conveniente pero todo dentro del mismo espacio. Es decir, esta plataforma puede tener inclusive más de mil empresas y/o personas vendiendo diferentes productos y/o servicios a la misma vez.

Capítulo 2: ¿Cómo armar tu tienda en el marketplace?

Armar tu tienda en el marketplace te va a permitir ingresar en el mundo de las ventas en línea sin la necesidad de contar con una tienda física ni una tienda en línea. Tampoco vas a necesitar experiencia o ningún tipo de conocimiento de cómo crear una página web, ni de cómo crear los adwords o publicidad en tu página web, de esto hablaremos más adelante en el capítulo, de cómo publicitarse y promocionarse en el marketplace para poder tener más ventas y que los clientes potenciales te escojan a ti sobre tu competencia.

Entonces, para resumir, el marketplace es una plataforma donde podremos encontrar varias tiendas, con diferentes tipos de productos y/o servicios los cuales ofrecen simultáneamente como ellos vean necesario. Tú como tienda, si decides tener una tienda formal o si prefieres realizar las ventas como persona natural solo con tu cuenta y pagando una comisión y los impuestos mediante estas páginas, puedes decidir qué es lo que vas a vender, cómo lo vas a vender y por cuánto tiempo lo

7

vas a vender. Antes de vender un producto, debemos hacer un estudio de mercado. ¿Un estudio de mercado? se estarán preguntando, sí, deben ver si el producto y/o servicio que quieren ofrecer tiene demanda, es decir, si la gente lo quiere comprar y lo ha comprado antes. Después de esto, en caso el producto sea popular debemos revisar cuáles son los precios que ya existen en el marketplace. Por ejemplo, si estamos vendiendo los mismos tipos de zapatos que el resto de nuestra competencia, debemos poner un buen precio, si ponemos un precio muy alto, la gente no lo va a comprar porque nuestra competencia directa está vendiendo exactamente los mismos zapatos, probablemente con el mismo detalle, mismo acabo y mismo material más barato. Ahora, si pongo el precio muy barato, debe ser mucho más barato que la competencia, los clientes potenciales van a pensar que mis zapatos tienen algún tipo de defecto o que no son lo que realmente digo. ¡Ah! ¿la gente no compra lo más barato? ¿La decisión de compra no es siempre por precio? No, pongamos un ejemplo para poder aclarar este punto.

Digamos que estamos escogiendo un hotel cuando nos vamos de viaje, si todos los hoteles de cierta categoría en la misma zona tienen un mismo precio pero hay uno que es mucho más barato vamos a dudar de la calidad de este hotel e incluso pensaremos que es publicidad engañosa así el hotel sea mejor que los otros. Por ejemplo, si todos los hoteles tienen un precio entre ciento veinte y ciento cincuenta dólares y vemos un hotel por cuarenta dólares de la misma categoría, que tiene las mismas características que los anteriores, nos vamos a preguntar por qué ese hotel está tan barato. ¿Qué habrá pasado? ¿Habrá habido una plaga? ¿Las fotos serán reales? ¿Por qué tanta diferencia de precio? Esta diferencia de precio nos va a generar mucha desconfianza como cliente potencial, y al final, así el producto más barato sea mejor que los hoteles más caros, pagaremos más para ir a un hotel peor que el anterior y más caro. ¿Ahora entiendes por qué es de suma importancia hacer un análisis de precios? También es muy importante ver qué productos tiene la competencia, si tiene los mismos que los tuyos, cómo los está publicando, es decir, cuáles son las características y cómo están realizando la descripción del producto incluyendo los detalles. De esta manera, podemos trabajar en una propuesta más atractiva para los clientes y recolectar toda la información necesaria para que nuestro producto sea competitivo y más atractivo a los clientes potenciales que los productos de la competencia. Es realmente importante describir y que toda la información que estamos dando a los clientes sea verdadera, precisa, fácil de entender y que brindemos garantía. Es de suma importancia que la información sea cierta porque sino podemos caer en publicidad engañosa y esto nos podría ocasionar una demanda. En el mejor de los casos, los clientes se van a quejar y nos van a devolver los productos y nosotros deberemos devolverles el dinero, pero, ten en cuenta que sí te pueden demandar por publicidad engañosa.

Debemos ver qué tipo de fotos está colgando la competencia y si podemos obtener la cantidad de ventas por artículo que tiene la compañía en Amazon también podemos utilizar esta información. De esta manera, podemos ver cuáles son los artículos que se están vendiendo más para poder buscar ese artículo en particular o tener más stock del mismo. No es bueno comprar demasiados artículos y tener demasiado inventario ya que esto conlleva una inversión. Todo es cuestión de ir probando y ver cuánto vamos vendiendo y de qué artículos también y cuáles no se venden para poder cambiarlos.

Ahora que ya sabemos y entendemos qué es el marketplace y por qué debemos saber e investigar antes de decidir qué producto podríamos vender, debemos preguntarnos cuáles son las ventajas y desventajas de usar esta plataforma como si fuera un escaparate para poder vender nuestros productos y/o servicios y si vamos a poder lograr más ventas en el marketplace o si podríamos lograr más ventas creando nuestra propia página web. Debemos ver cuáles son las implicaciones de tener un marketplace y de tener una tienda virtual y a la larga, lo que nos interesa es cuál nos va a beneficiar. Debemos comenzar buscando las diferentes plataformas, en caso de que queramos usar más de una, dónde venderemos nuestros productos. Tenemos que decidir en este punto si queremos realizar las ventas como una compañía o como una persona natural.

En el caso que queramos vender diferentes productos con nuestra marca, debemos revisar cuánta es la comisión que nos cobra la plataforma. También debemos ver cuánto nos cobra la plataforma como persona natural. Después de esto, podemos tomar una decisión acerca del nombre de la tienda. Por ejemplo, digamos que estamos vendiendo ropa de verano, podríamos vender desde mi cuenta de Amazon como nosotros mismos o podríamos crear una nueva página con el nombre de la compañía que queremos usar. Si somos nuevos, debemos realizar el registro, y listo, debemos comenzar a configurar nuestra tienda virtual en Amazon o en Ebay. Es bastante sencillo, necesitaremos poner el nombre de la empresa o el nuestro, subir los productos que estamos vendiendo, trabajar en las descripciones, poner el precio y publicarlo. Recuerda que las herramientas de marketing van a variar según la plataforma pero en todas puedes promocionar tu producto. Por ejemplo, en Ebay, por un porcentaje de la venta ellos promocionan tu producto, en vez de pagar un monto fijo, solamente cuando le hacen clic y compran tu producto es cuando se deduce ese porcentaje.

Por ejemplo, las páginas como Amazon y Ebay son excelentes plataformas para comenzar a vender tus productos en línea si tu marca no es conocida o si recién estás empezando porque estas plataformas son reconocidas y utilizadas a nivel internacional. Estas son empresas respetadas y la mayoría de consumidores confiamos en ellas. Sabemos que cuentan con soporte técnico para el cliente y que si tenemos algún problema vamos a ser atendidos y van a ser solucionados. Esto nos hace querer pedir algún producto que nos gusta de cualquier página que esté dentro de esta plataforma ya que tendremos más confianza de que el producto será bueno y si en caso no lo es, nos pueden hacer una devolución del dinero.

La marca Amazon o Ebay garantiza que si el producto no es lo que esperamos vamos a poder devolverlos sin ningún tipo de penalidad a menos que nosotros queramos devolver un producto que hemos malogrado nosotros. Saber que cuentas con el apoyo de la marca principal hace la diferencia y los consumidores siempre van a comprar donde sientan que tienen garantía y se sientan respaldados, sientan que tienen voz. Tú como consumidor, no vas a preferir comprar de una página nueva de internet que todavía no tiene reseñas y que no es recomendada por amigos, sino que vas a escoger alguna página como Amazon o EBay, tomando en cuenta que el producto es el mismo o tiene características muy similares. Ahora, si tienes una marca en Amazon, por ejemplo, y ya llevas un tiempo vendiendo tus productos y tienes reseñas y un número considerable de ventas y pones tu página web para redireccionar a los clientes potenciales y no pagar al comisión de la plataforma, es más probable que compren tu producto en tu página web si tienes un mejor precio o algún tipo de programa de fidelización. Por ejemplo diez por ciento de descuento en tu primera cuenta, delivery más rápido y gratis o un programa de puntos en donde van recolectando descuentos o a partir de cierto número de compras pueden recibir una prenda, por ejemplo, en caso de ser una tienda de ropa. En este caso, sí valdría la pena tener una página web o tienda virtual, que pueda redireccionar a tus clientes potenciales de tu marketplace si es que el tráfico lo amerita.

El programa de fidelización es una muy buena manera de poder hacer que tengas clientes fijos que te sigan comprando, la relación que tengamos con nuestros clientes es realmente importante, ellos deben confiar en nosotros y querer recomendarnos con sus amigos, en nuestras redes sociales pero más importante aun, en sus redes sociales. Si nuestros clientes sienten que les hemos brindado un buen servicio y hemos complicado con la descripción de nuestro producto y obviamente tenemos un buen producto, nos van a querer recomendar. Algo importante es tener follow up con ellos, ¿follow up? ¡Sí! Que les llegue tu producto, espera un par de días y escríbeles a agradecerles de nuevo por su compra y pregúntales qué tal les pareció el producto. Esto hará que les muestres interés.

Ahora, si queremos vender algunas de nuestras prendas o vender un producto nuevo y/o servicios, debemos tener en cuenta algunos puntos para poder lograrlo con éxito y obtener rápido el dinero y de manera fácil. A continuación, te explicaremos cuáles son las ventajas y los beneficios de comenzar a vender tu producto y/o servicios en un marketplace y no crear una página web desde cero y tratar de entrar al mercado digital. ¿Podría también crear mi propia página web y vender por esa plataforma de forma directa a los clientes sin ningún tipo de comisión? Sí, lo puedes hacer, puedes generar compras y ventas directa de tu página web, pero esto costará más tiempo, dinero y esfuerzo.

Capítulo 3: ¿Por qué utilizar el marketplace en vez de crear una página web desde cero?

¿Por qué utilizar el marketplace, es decir, estas páginas en vez de crear nuestra propia página web o tienda virtual? Hay que tomar en cuenta que estas páginas ya son muy conocidas mundialmente, ¿quién no conoce a Amazon, a Ebay o hasta a Alibaba? ¿Alguna vez has hecho un pedido por esa página? ¿Qué tal te pareció tu experiencia como cliente? ¿Llegó tu pedido completo? Si nunca has pedido, no hay problema, a continuación te explicamos los beneficios. De igual manera, recomendaremos que puedan entrar a investigar un poco pero eso sí, tengan cuidado con la tarjeta de crédito y la cantidad de compras que queremos realizar. Como son montos pequeños, tendemos a excedernos. Todos la conocen, sabemos que son páginas confiable y que tienen garantía, en caso de que tengamos algún problema con el producto podemos retornarlo al vendedor y quejarnos con la plataforma. Comencemos con algo realmente importante para nuestra página web y nuestras ventas, que es el tráfico en nuestra página web, esto es algo vital para poder tener dinero extra usando el mercado digital. Tienen su propio tráfico de personas, es decir, ya tiene clientes y personas que confían en estas páginas y entran a comprar porque saben que es seguro. Puedes pagar con diferentes métodos, por ejemplo, puedes pagar con Paypal, tarjeta de crédito, tarjeta de débito, entre otros. No te cuesta mucho poner tu producto, usualmente las plataformas como Ebay tienen dos tipos de membresía, puedes comenzar a vender como persona natural, esto haría que entres con tu propia cuenta y no pagues una membresía fija, sino que te cobran una comisión por cada venta. Por otro lado, las herramientas que te brindan te ayudan a que las personas encuentren más rápido tu producto, inclusive tienes un equipo de soporte que te puede ayudar. Puedes pagar por publicidad en este medio que no es caro, inclusive puedes pagar desde un dólar al día para promocionar tus productos, ver las estadísticas, ir haciendo cambios, entre otros. Ellos ya tienen el público, tú no tienes que salir a buscarlo. Pueden poner tu producto como destacado, mostrarlo más al público, que salga en los primeros puestos cuando buscas en las páginas algún producto relacionado con el tuyo, entre otras formas que harán que el cliente llegue inmediatamente al productos que estás promocionando para vender.

Por otro lado, para poder tener una buena página web y tener buen tráfico, es decir, que la gente la visite, debemos tener una página web profesional y hay algunos detalles que tenemos que realizar al crearla. Debemos tomar en cuenta que nuestra página web debe estar optimizada para celular, esto quiere decir que debe ser responsive. Actualmente, la mayoría de clientes ven los productos y compran desde su celular o desde su tablet, ya no desde una computadora. Debemos tener en cuenta que el diseño cambia entre estos dispositivos, por ejemplo, la página web responsive se ajusta a la pantalla del celular y tiene una buena experiencia de usuario. ¡Qué complicado! ¿qué es la experiencia de usuario? No, no es complicado, las páginas web deben ser fáciles de utilizar para los clientes, es decir, debe ser una página web ordenada, con buenas imágenes, las imágenes en alta resolución de buena calidad, deben tener descripciones claras, si queremos que una imagen lleve a otra página debemos realizar bien los links entre las páginas, cada una debe ser revisada ya que podemos ponerle un nombre, es decir, debemos ver y cambiar y revisar cómo aparecerá en diferentes buscadores como Google.

Aparte de que SEO (Search Engine Optimization) y el SEM (Search Engine Marketing) ¿A qué nos referimos con estos términos y por qué debemos tenerlos en cuenta? Debemos tenerlos en cuenta si estamos construyendo una página web, porque debemos agregar algunos términos en cada página, es decir, debemos construirla para que orgánicamente aparezca más arriba en la búsqueda en Google y en otros buscadores. ¡Qué! ¿aparecer de primero en Google se puede? Sí, hay bastantes maneras de lograrlo, orgánicamente y con pauta. La pauta es cuando ponemos un anuncio e invertimos una cantidad de dinero para que nuestra página web aparezca más arriba en los diferentes buscadores. Posicionar nuestra página web requiere expertise, que sepamos lo que estamos haciendo y requiere inversión. No es tan fácil, toma tiempo y dinero, es mejor comenzar en un marketplace donde ya tienen clientes, tráfico, están posicionados, la gente los conoce y confía en ellos.

Puedes comenzar a promocionar tu producto en estas páginas, y ya cuando te conozcan y cuando tengas buenas ventas, te recomendamos que sí crees tu propia página web. Recuerda que puedes crearla en diferentes plataformas como Wix pero también existen algunos creadores de páginas gratis. Cuando ya tienes público es más fácil colocar tu página web y poder redireccionarlos y que te compren directamente a ti. De esta manera puedes evitar pagar la comisión en el marketplace pero debes recordar que si quieres un dominio deberás pagar por el. Hay muchas páginas como Go Daddy por ejemplo que ofrecen dominios a muy buenos precios si lo pagas anualmente. Aproximadamente puede costarte veinte dólares anuales, esto va a depender del dominio que elijas, la página en que lo elijas, entre otras variables. Recuerda entonces que para poder tener una buena página web de tu producto necesitas fotos profesionales, una página responsive y profesional, debes generar tráfico a tu página, es decir, debes invertir energía y dinero en publicidad en Google y en redes sociales. Esto es realmente importante junto con la construcción de la página para que los clientes potenciales conozcan tus productos.

Cuando estamos comenzando, es mejor empezar en un marketplace como Amazon porque ya tiene la estructura en donde pondremos los productos, no necesitamos crear una página desde cero, ya que el marketplace te da una plantilla que puedes que ya está pensada y está creada para que sea atractiva para poder vender. Esto quiere decir que el marketplace ya nos provee con la estructura de la página de lo que vayamos a vender. Nos dice cómo y dónde poner nuestros productos. Asimismo, como en esa página web habrán productos parecidos a los nuestros, es decir, tendremos competencia directa e indirecta podemos revisar a la competencia para ver cómo han puesto por ejemplo los atributos, características, descripciones, entre otros.

Asimismo, el marketplace cuenta con un sistema relativamente fácil de usar en dónde puedes administrar los códigos de tu inventario, el stock e inclusive tus finanzas. Muchos tienen o puedes conectarlo con diferentes aplicaciones financieras que miden tus ingresos, gastos e inclusive te administran los impuestos que debes pagar. Es realmente importante tener siempre todas nuestras finanzas ordenadas y ver si en el país tenemos algún tipo de restricción. También podemos ver cuáles son las novedades que han llegado, podemos ir cambiando nuestros productos, las imágenes y las descripciones según como veamos y vayamos analizando el tráfico del marketplace con el que estamos trabajando.

Por otro lado, un marketplace tiene sus propios métodos de pago seguros, los clientes pueden pagar de la manera en que prefieran, pueden pagar con tarjeta de débito, tarjeta de crédito, Paypal, entre otros. Estas páginas web como Amazon son seguras y a pesar que le compras a una empresa mediante su página, tienes el respaldo que en cualquier tipo de problema, ellos te van a respaldar como cliente. Por esto es más fácil que te compren diferentes clientes, a pesar de que no conocen tu marca, porque cuentas con el respaldo del marketplace, en este caso, Amazon.

Capítulo 4: Crea tu propio Blog, consigue seguidores y patrocinadores

Una alternativa para ganar dinero desde nuestra computadora de manera rápido y sencilla es creando un blog. ¿Tienes redes sociales? Si tienes Instagram o Facebook, seguro has visto diferentes páginas que tienen links a blogs. Pueden ser de diferentes temas como repostería, puede ser un blog de viajes dentro de un país o un blog de viajes internacional, y blogs de maquillajes. Seguramente los has visto, pero ¿sabías que son una muy buena opción también para obtener dinero?

Comencemos, ¿sabes que es un blog? Un blog es como una bitácora personal, usualmente es de un tema específico. Debes tomar en cuenta que el Blog que quieras desarrollar deberá ser de un tema útil, que a las personas les interese, que sea un blog interesante que la mayoría de las personas quieran seguir y que pueda atraer a una buena audiencia. Ahora pregúntate si tú estás siguiendo algún blog. ¿Qué fue lo que te atrajo de ellos? ¿Te acuerdas cómo salieron y si salieron en tu Newsfeed? ¿De repente salió como una historia en Instagram? Es importante que comiences a prestar atención a la publicidad que aparece en tus redes sociales y por qué te llamó la atención. Esto te va a ayudar a analizar y te ayudará a que puedas colocar este tipo de publicidad en redes sociales. Como hemos visto, es muy importante saber qué está haciendo tu competencia directa.

Entonces, ¿cómo buscar un buen tema para poder comenzar nuestro blog? Empieza a escribir todos los temas que se te ocurran para el blog, cuando encuentres algún tema que te guste, te recomendamos que hagas un poco de investigación. Por ejemplo, podemos empezar a buscar cuántos blogs del mismo tema puedes encontrar, cuáles son los que tienen más seguidores, qué tipo de material tienen en el blog, cuáles publicaciones son las que tienen más interacción, es decir, la publicación en la que tienen a más personas que comentan, entre otros detalles. Es muy importante que aprendas de la competencia. Esto te va a dar una ventaja en el mercado digital porque vas a saber qué está funcionando para ellos y lo vas a poder mejorar.

¿Por qué recomendamos realizar este análisis de mercado? Porque si escoges algún tema que muchas personas ya están bloggeando, como por ejemplo, ¿cómo maquillarse?, va a ser más difícil hacerte reconocido porque hay demasiada competencia que lleva más tiempo en el mercado digital y que han invertido más presupuesto por lo que va a ser más difícil alcanzar a la cantidad de seguidores, es decir, lo puedes lograr pero te va a tomar mucho más esfuerzo monetario y de tiempo poder resaltar en esta industria. Es mejor buscar un nicho y crear buen contenido que sea útil para las personas. Deben ser temas que puedan interesar a la gente, que quieran compartir con sus amigos. Temas de los que puedan hablar. Junto con tu blog trabaja redes sociales, es decir ,ten un Facebook que esté anexado a tu blog y donde puedas promocionar tu contenido de tu blog e Instagram. Puedes añadir también Pinterest u otras páginas para poder complementar y estar en más lugares.

Pinterest es útil también porque también tiene impresiones, mientras mejor sea tu contenido, más impresiones tendrás y más personas guardarán tus artículos. Por ejemplo, si tienes un blog acerca de productos naturales, puedes utilizar redes sociales como Facebook e Instagram para poner información acerca de los productos, de qué están hechos, cuál es el contenido de los productos, compartir tus artículos nuevos y puedes promocionar tus páginas de redes sociales. Por ejemplo, puedes promocionar un post de qué se trata tu marca, siempre debe tener el nombre de tu marca. Asimismo, también puedes promocionar los productos para que las personas puedan comprarlo directamente del marketplace o de tu tienda.

Por otro lado, puedes también ganar dinero con el mercadeo de afiliados. ¿A qué nos referimos con esto? Puedes encontrar productos alineados a la temática de tu blog o de tu página web y que a la gente le gusten para unirte a su programa de afiliados y promocionarlos con tus seguidores, recibiendo una comisión en cada venta. ¿Cómo se puede medir esto? Te dan un enlace de afiliado que le permitirá a la compañía saber si un cliente llegó a través de tu referencia. Hay muchos programas de afiliados a los que puedes unirte completamente gratis, por ejemplo, algunos de ellos son Amazon Afiliados, shareasale.co, zanox.com, tradedoubler.com, entre otras páginas web. El único requisito para que te acepten, es que tu blog o tu página web tenga productos relacionados a lo que vas a publicitar. Te damos un par de ejemplos, si eres una agencia de viajes o un tour operador, puedes unirte al programa de afiliados de Booking.com, la página de reservas.

Si tienes una tienda de ropa, o eres bloggera de moda por ejemplo, puedes aplicar al programa de afiliados de Amazon para comenzar a promover su ropa, accesorios y sus favoritos, entre otros.

CAPÍTULO 5: ¿CUÁL ES LA IMPORTANCIA DE LAS REDES SOCIALES?

¿Por qué debes tener redes sociales y cómo te ayuda esto a crear dinero? Porque mientras más gente te siga, a más gente le gusta tu página y más gente comparta, diferentes marcas van a querer poner publicidad en tu blog y en tus redes sociales y ellos te van a poder pagar por esto. No solamente esto, si más personas te siguen y más personas han visto tu nombre, es mucho más probable que compren tu ropa porque en algún lugar han escuchado o han visto la marca, no es completamente nuevo para nosotros, ya habían visto o la habían procesado antes. Es muy importante que a la hora de crear nuestras redes sociales, página web y toda la comunicación que va a venir con nuestra empresa, que todo esté conectado. Por ejemplo, si creamos Facebook, Instagram, Pinterest y tenemos nuestro blog en Wordpress, todos deben tener la misma información, debe estar correcta y todo debe estar conectado para que sea más fácil para ti compartir tus imágenes y artículos pero más importante aún, para que las personas que nos siguen puedan compartir todo lo que hemos subido.

No solamente esto, las personas te juzgan por tu página web, lo que compartes y subes a tu blog. Si eres una persona que te gusta organizar lo que vas a publicar en buena hora, se puede programar ahora los posts para Facebook e Instagram. Se debe postear diariamente y regularmente, si comenzamos con dos posts al día en diferentes redes sociales hay que hacerlos, no hay que dejar de publicar por varios días. ¿La gente realmente me va a juzgar por mi página web? Sí, si tienes errores de ortografía tus clientes potenciales creerán que eres una empresa descuidada, por ejemplo. Todo lo que se encuentre en el mercado digital, incluyendo las políticas, deben ser lo más claro posible.

Ahora, comenzando en nuestras redes sociales siempre vamos a comenzar con pocos seguidores. Para poder incrementar la cantidad de seguidores de forma orgánica, es decir, sin invertir dinero, puedes comenzar invitando a tus amigos para que le den me gusta a tu página, puedes pedirle que compartan tus artículos o pueden compartir algún post interesante en sus redes sociales para que más personas te sigan y tu puedes hacer lo mismo. Puedes buscar grupos por ejemplo en Facebook que hablen del tema de tu blog y comenzar a compartir tus artículos o, mejor aún, puedes comenzar a contestar en redes sociales con algún post o algunos datos que sean recurrentes. Ahora, por ejemplo, si quieres, y te lo recomendamos, invertir dinero en tus redes sociales para que te conozcan, entonces ¿cómo tener más seguidores invirtiendo dinero? Sencillo, realiza campañas en redes sociales para poder tener más seguidores que vayan de acuerdo a tu blog. Puedes tener un presupuesto mensual por ejemplo para este tipo de campañas publicitarias para Facebook y para Instagram. Te recomendamos tener un cronograma anual de las fechas especiales que vendrán en el año para que de esta manera puedas tener diferentes promociones y otorgar diferentes descuentos.

Ahora, continuando con tus anuncios, ¿cómo hacer que sea eficaz? Puedes hacer un poco de análisis y puedes segmentar a tu público según la campaña, por ejemplo, puedes elegir a las personas que les llegará tu campaña según sus preferencias. Si realizan deportes o si tienen intereses en cierto tipo de deportes, cierta edad por ejemplo o viven en ciertos lugares, puedes elegirlos para tu campaña publicitaria y que solamente a este grupo de personas se les muestre tu anuncio. De esta manera, tu campaña estará dirigida hacia las personas que sabes que van a estar interesadas en tu producto. ¿Es esto realmente importante? ¿Debemos hacer esto? Sí, esto se debe hacer porque este tipo de campañas bien realizadas con el objetivo de dar a conocer tu marca va a hacer que ganes seguidores y por ende que diferentes empresas quieran que publicite sus productos y más dinero.

Asimismo, también puedes juntarte con otros bloggers que no necesariamente deben tener el mismo de blog que tú, pueden juntarse para lanzar campañas que los beneficiarán mutuamente. Por ejemplo, si estás vendiendo productos orgánicos como cremas para el rostro y cuerpo, una blogger de maquillaje o alguna actividad a fin podría convertirse en tu aliada. Ella puede promocionar y probar tu producto online y tu la puedes recomendar en tu blog para que más gente la conozco y la siga. Pueden realizar transmisiones en vivos, responder preguntas, hay un sin fin de diferentes tipos de actividades que podrían realizar para incrementar la cantidad de personas que las sigue. Este tipo de actividades no tienen costo, solo deben ser planeadas. Podemos y debemos analizar los KPIs, es decir, las métricas de nuestras campañas. Si vemos por ejemplo el análisis de la distribución del presupuesto y cómo hemos llegado a nuestros objetivos, podemos cambiar nuestra estrategia por ejemplo. Así también podemos ver qué tipo de fotos vende más, o cuál genera más interacción, qué post tiene más reacciones.

Toda esta información es valiosa y podemos utilizarla para poder cambiar nuestra estrategia en el mercado digital y para poder seguir creciendo como empresa. Nuestra página web también nos podrá decir cuánta gente ha sido dirigida por el blog y cuántas de otros lugares, inclusive tienes una opción en la que puedes ver cuánto tiempo se han quedado en la página web y cómo han movido el cursor. Esta información es realmente importante para nosotros porque podemos ir ajustando qué es lo que compartimos y cómo lo compartimos para poder tener más interacción, que a más gente le guste y por ende que más gente nos siga.

Por otro lado, puedes tu mismo buscar un patrocinador que vaya de acuerdo a tu marca y a tus valores, no debería ser difícil si tienes una buena cantidad de seguidores. La idea es que vayas creando contenido diariamente, vayas midiendo qué es lo que les gusta a tus seguidores, si lo comparten, si interactúan con tus artículos, si comienzan a comentar y si comienzas a hacerte más conocida vas a poder tener varios patrocinadores. Esto va a permitir que más patrocinadores quieran trabajar contigo, y va a hacer que puedas crear más dinero en menos tiempo. Asimismo, bastantes personas van a querer que promociones sus productos, van a comenzar a enviarte algunos de sus productos o inclusive vas a poder comenzar a trabajar en conjunto y seguir consiguiendo más personas que te sigan, por ende, más dinero.

Recuerda la importancia del contenido que estás subiendo a tus redes sociales. Es importante que tus fotos sean en buena calidad, deben ser fotos grandes y que no se vean pixeladas. Debemos cuidar las faltas de ortografía, que nuestros artículos, posts y todo lo que publiquemos sea coherente, tengamos buena ortografía y esté escrito de tal modo que la gente quiera comentar. Por ejemplo, puedes poner un post con una pregunta, al escribir un artículo puedes terminar con una pregunta para que la gente pueda opinar. Recuerda siempre responder a las personas que te escriben, responder sus preguntas, agradecerles que te hayan escrito. Una buena forma de ayudar a tu reputación, es si tienes por ejemplo una tienda en Amazon y la gente está comentando y está dejando reseñas, Facebook también tiene una tienda que no tiene costo, puedes agregar tus productos y comenzar a compartir tus reseñas e inclusive incluir el link a esa página. De esta manera, tus clientes potenciales sabrán que eres una página verdadera, que realmente tienes los productos, cuántos productos has vendido y confiarán en ti. Esto puede ser la diferencia entre tener pedidos o no tenerlos.

Capítulo 6: Evalúa tus habilidades y crea negocios sencillos para poder incrementar tus ingresos de manera rápida y sencilla

Por otro lado, también tenemos otro tipo de negocio con el que podemos obtener dinero de manera sencilla y rápida. Comencemos a evaluar nuestras habilidades, en qué podríamos ser buenos sin que nos tome mucho tiempo o en qué somos buenos y según eso podemos buscar un trabajo como freelancer en diferentes páginas del mercado como Upwork y Workana. Estas páginas son buenas para buscar trabajos Freelance porque tienen diferentes filtros para que no te estafen, es decir, para que no hagas un trabajo y al final no te lo paguen por ejemplo. Si sabes en qué eres bueno y ya encontraste tu habilidad, ¿qué estás esperando? Entra a las páginas de Freelancers, sube tu CV y comienza a buscar trabajos. De esta manera, puedes convertir tu computadora en una máquina de hacer dinero utilizando el mercado digital.

Hay varias páginas en internet en las que puedes encontrar trabajo como freelancer, no solamente las dos mencionadas. Lo bueno es que tú escoges tus propios proyectos, fijas la duración del proyecto, pones el precio de tu trabajo, lo trabajas y listo. Debes tomar en cuenta que debes siempre aplicar a trabajos por páginas web reconocidas y te recomendamos que siempre leas las políticas de la empresa. Una de ellas por seguridad es que no compartas tus datos ni te comuniques por otro medio, ¿por qué? Porque si ellos tienen acceso a toda la información, todo está regulado y se trabaja y se hace el trato por medio de la página donde conseguiste el trabajo como freelancer, ellos pueden actuar como mediadores. En cambio, si has hecho alguna negociación aparte o enviado algún diseño por ejemplo por otro medio electrónico, ellos ya no tienen acceso y ya no pueden actuar como mediadores lo que te podría perjudicar.

Usualmente como trabajan este tipo de empresas de trabajos de freelancers es que el cliente pone el trabajo en la página, tú como freelancer le envías el precio que le estarías cobrando, la cantidad de tiempo que te demorarías, tu book o tus trabajos anteriores, para que el cliente pueda tomar una decisión. Una vez aprobado, el cliente da el pago completo a la empresa web de freelancers, luego de que uno entrega parte del trabajo se le da un adelanto. Cabe resaltar, que ya es la página de freelancers la que tiene el dinero, ellos te pagan una vez que tenga el ok por parte del cliente al adelanto de tu trabajo. Después de esto se entrega el trabajo, el cliente da el visto bueno y la empresa entrega el plato completo. Este modo es una muy buena forma de ganar dinero, con pequeños trabajos cuando tengamos el tiempo necesario para completarlos.

Asimismo, podemos trabajar desde nuestra computadora desde cualquier parte del mundo. Es una gran manera sencilla y rápida de crear dinero extra desde cualquier parte del mundo. No solamente esto, ¿eres bilingüe o trilingüe? Puedes empezar a traducir textos en internet en tu tiempo libre. Estos también los puedes encontrar en las páginas de freelancers o inclusive hay páginas especializadas para traductores como Gengo, Textmasters, Translated entre otros. Es mejor aplicar a más páginas para que tengas más posibilidades que te contraten. ¡Aprovecha tus habilidades al máximo!

Ahora, sabes que tienes algunas habilidades pero, ¿no tienes tanta confianza todavía? ¡Pues aprende a usarlas! Hay muchas páginas con cursos gratis en internet, no tienen certificación. Puedes llevar cursos de diseño, de economía, de negocios, de arte, entre otros. ¡Lleva todos los cursos que quieras gratis en estas páginas!

Ahora, tenemos más opciones inclusive ¿te gusta tomar fotos? Comienza a venderlas en diferentes páginas de internet. ¿Se puede vender fotos en internet? Claro que sí, puedes venderlas en diferentes páginas de internet. Por ejemplo, páginas como Shutterstock te pagan entre el veinte por ciento y el treinta por ciento por foto que los usuarios descarguen. Esto significa que mientras mejores y más cantidad de fotos tengamos y publiquemos en la página, más posibilidades de incrementar nuestros ingresos ya que más personas podrían descargar nuestras fotos y más cantidad de veces. Otra página que también te paga por descarga es istock Photo, ellos pagan aproximadamente el quince por ciento por cada descarga. Los colaboradores exclusivos tienen un porcentaje mayor, ellos reciben entre el veinte dos por ciento y el cuarenta y cinco por ciento. Otra opción que te brindamos es Big Stock, ellos pagan el treinta por ciento por descarga individual. Adicionalmente, ellos te van a pagar treinta y ocho centavos de dólar de regalía por las ventas de clientes que han pagado una suscripción.

Estas son solamente tres de todas las páginas que puedes encontrar que te pagan por tus fotografías. ¡Aprovéchalas! Busca fotos de tus viajes anteriores, comienza a buscar cómo tomar buenas fotos, puedes tomar un curso rápido y sencillo por internet. Todo esto te ayudará a generar más ingresos. Hay aún más opciones si ninguna de las anteriores te ha gustado. Puedes trabajar como intérprete o traductor, subir videos a YouTube, puedes escribir artículos, hacer encuestas, puedes volverte Asistente Virtual, comenzar a resolver captchas, contestar preguntas, entre otras actividades que nos darán un ingreso extra de manera sencilla y rápidas de crear dinero desde casa. ¿Qué estás esperando para comenzar a buscar las páginas web y comenzar a ahorrar este dinero? ¡Úsala para pagar tus deudas, tu hipoteca o ahorrarla!

Capítulo 7: Crea cursos por internet

¿No te ha convencido todavía ninguna de estas opciones? ¿Eres una persona creativa o eres profesor? ¿Tu trabajo es especializado en un tema en particular? ¡Comienza a crear cursos por internet y venderlos! El primer paso para poder empezar a ganar más dinero utilizando tu computadora es comenzar a planear este curso. Comienza determinando qué curso podrías enseñar, podría ser algo relacionado con una habilidad que hayas adquirido en tu trabajo, puede ser algo que hayas aprendido naturalmente o podría inclusive ser un pasatiempo que conoces realmente a profundidad y que te encantaría poder compartir con los otros.

Ahora que ya sabes qué curso podrías enseñar, debemos hacer un análisis de Mercado. ¿Un análisis de mercado? ¿A qué nos referimos con esto? Esto significa que debemos investigar si hay cursos como estos en el mercado digital, si la gente realmente los está buscando y más importante aún, si están dispuestos a pagarlos. ¿Por qué? No importa qué tan buenos seamos en alguna materia, podemos armar el mejor curso que podamos pero no hay demanda, es decir, la gente no quiere comprarlos. Esto para nosotros va a ser una pérdida de energía y de tiempo. Por esto es realmente importante hacer un análisis de Mercado antes. De aquí podemos comenzar a tomar las acciones que necesitemos para poder lograr el éxito en nuestras ventas.

Ahora, si has encontrado que las personas están dispuestas a pagar por el curso, lo que debes hacer es comenzar a describir el curso. Te recomendamos comenzar a planearlo antes para que sea más estructurado, hay cosas en las que debes pensar antes de comenzar a crearlo. Piensa en cómo entregarás el curso, puedes pensar si esto será como videos, texto y/o audio. Esto va a orientarte en qué tipo de plataformas deberías comenzar a utilizar o podrías utilizar para tu curso de video. También debes de tener en cuenta, ¿cuál es tu público? El público al que va dirigido el público es principiante o si es avanzado. Hay que pensar si debemos hacer cursos adicionales después, si podríamos tener secuelas o cursos similares.

Luego de que ya tenemos esta información, debemos entonces elegir cuál es la plataforma ideal para tu curso virtual. Por ejemplo, UDEMY es una muy buena plataforma en donde venden diferentes cursos. Udemy es la plataforma que te recomendamos porque es un mercado realmente popular y puede ayudarnos a comenzar a vender nuestros cursos. Es mucho más fácil venderlos en una plataforma popular que la gente ya conoce y en la cual confía. Debido a que es una plataforma popular, tienen diferentes filtros para los cursos, las personas que quieren comprar los cursos sienten confianza porque saben que los pagos son seguros, que no les van a clonar las tarjetas de crédito y que en caso tengan algún problema con el curso pueden comunicarse con una persona de soporte de Udemy para que lo ayude. Esto genera mucho más confianza en los clientes potenciales a los que quieres venderles tu producto. Si tuvieras una página web con los cursos pero la gente no te conoce, no tienes muchos reviews, no tienes muchos seguidores, las personas no te van a tener tanta confianza.

Generar reputación online como página de cursos es complicado, por esto te recomendamos que lo más sencillo para generar dinero de forma rápida es encontrar una habilidad que tengamos, crear un curso en una plataforma sencilla en la cual podamos vender nuestro producto, exhibirlo para que la gente lo quiera comprar. Debe ser una página conocida, que la gente le tenga confianza y que tenga bastante tráfico de personas. Esto va a facilitar la venta de nuestro curso. Cuando ya hemos escogido qué vamos a enseñar, hemos realizado la investigación de mercado, creado el curso en la plataforma conveniente y lo hemos puesto en venta en páginas como Udemy, podemos crear dinero de manera sencilla y rápida. Recuerda que siempre las plataformas que debes buscar para publicar deben ser conocidas, ya deben tener tráfico, deben tener método de pago para el cliente y deben tener una trayectoria. Deben ser plataformas conocidas para que tengas más oportunidades de vender tu curso.

Capítulo 8: Bitcoin y las monedas virtuales

¿Has escuchado de Bitcoin? ¿Sabes de qué se trata? Esta es otra propuesta para comenzar a ganar dinero desde nuestra computadora de manera sencilla. ¿sabes que es el bitcoin? Es una moneda virtual. ¿Sabes cómo acumularlas? Puedes comenzar de manera sencilla acumulándolas en operaciones de trading, puedes hacer micro tareas, hay grifos de bitcoin, cobrar propina, puedes invertir en bitcoins, vender productos y servicios en manera de bitcoin y minar bitcoins y más.

¿A qué nos referimos cuando hablamos del bitcoin trading? La estrategia básica de especulación es la que se aplica, debes comprar la moneda cuando está con precio bajo y después esperas que el precio aumente para poder venderla y que esto genere una ganancia. Principalmente bitcoin es dirigido día a día, es importante seguir las noticias diariamente para poder negociar con más información a la mano y poder tomar decisiones acertadas. También podrías realizar esta negociación mediante un arbitraje, comprar barato en un change y vender a un precio más alto en otro. Es de suma importancia que antes de comprar o comenzar a usar bitcoin aprendas cómo funciona. Hay muchos tutoriales en YouTube y mucha información en internet que te recomendamos investigar antes de comprar bitcoins.

Ahora, ¿cómo ganar bitcoins sin tener que comprarlas? Realiza micro tareas. ¿Cómo realizo micro tareas para poder ganar bitcoins? Hay algunas aplicaciones donde se te paga en bitcoin como por ejemplo Bituro. Esta aplicación para teléfono inteligente te paga en bitcoins después de haber realizado pequeñas como ver videos, completar encuestas, probar aplicaciones, entre otros. Estas tareas no toman mucho tiempo, son bastante sencillas y te ayuda a ganar dinero virtual. Por otro lado, el bitcoin reward también te permite ganar dinero realizando el mismo tipo de micro tareas, como por ejemplo ver videos, completar encuestas y otras tareas menos. El coin bucks es otra de las aplicaciones que puedes utilizar para Smartphone que también te permite ganar bitcoins realizando tareas sencillas como jugar videojuegos, descargar otro tipo de aplicaciones y completar ofertas promociones en línea.

¿Cómo genero bitcoins a través de grifos Bitcoin? Si te gusta jugar videojuegos, te gusta ver videos y no te molestan los anuncios, este tipo de sitios de grifos generan sus ingresos de los anuncios y pagan una pequeña cantidad de los ingresos publicitarios a sus usuarios. Todo lo que necesitas hacer es registrarte con tu dirección bitcoin y empezar a ganar unos cuantos centavos de bitcoin todos los días. Entendemos que es una forma lenta de ganar dinero pero debes recordar que es gratis, es sencillo y que va sumando. Otra opción también es tu crear tu propio grifo bitcoin, esto hará que ganes aún más dinero. El problema es que tendrás que buscar tener un buen tráfico en Google u otros buscadores, esto lo puedes lograr con una buena página web, o con Google Ads. Podemos invertir un poco de dinero para incrementar nuestro tráfico y tener más ingresos aún. Debemos recordar que ambas alternativas son viables, podemos comenzar con una, por ejemplo, comenzar ganando poco dinero y después crear nuestra propia página web para ya poder tener un poco más de experiencia y poder entender cómo es que funcionan estas páginas web y el bitcoin.

¿Todavía no estás convencido del Bitcoin? Te recomendamos que comiences con las páginas en donde te regalan Bitcoin, para que comiences a entender el funcionamiento del mismo, ¿dónde puedes usar esta moneda?, ¿cómo funcionan estas páginas?, así después puedas tomar una decisión de qué tipo de página es mejor para ti.

CONCLUSIÓN

Convierte tu computadora en una máquina de hacer dinero aprendiendo las maneras más sencillas y rápidas de crear dinero desde casa. El mercado digital es simple de utilizar una vez que aprendes a hacerlo, puedes conectarte de cualquier parte del mundo, puedes trabajar remotamente. De esta manera rápida y sencilla podrás crear dinero desde casa. Hay diferentes formas de lograr esto, ¿tienes cosas en tu casa que te gustaría vender o has visto algún producto que crees que podrías vender por internet y tendría éxito? Algunas páginas como Ebay y Amazon permiten que vendas tus productos como persona natural, es decir como tú o si prefieres puedes venderlo como empresa. Lo bueno es que este tipo de empresa puedes conectarla a diferentes aplicaciones de finanzas que te ayudarán a ver cuál es tu ganancia, te dirán cuánto debes pagar de impuestos entre otros.

Debido a que estas páginas ya tienen tráfico y tienen una plantilla para tu tienda, no necesitas tener mucho conocimiento de cómo crear una página web, ellos ya te dan varios diseños, tú solo tienes que escoger. Asimismo, hay diferentes maneras si no te gustaría vender productos y/o servicios por internet puedes crear tu propio blog del tema que a ti te apasione. Este tiene que ir acompañado de redes sociales. Por ejemplo, si tienes tu blog en wordpress, debes conectarlo con Facebook, Instagram y Pinterest si quieres. Recuerda que siempre debe haber un análisis previo para que puedas tener un nicho o tengas un blog de algún tema que no sea tan común. Hay muchísimos blogs de maquillaje y de pastelería, por ejemplo, puedes buscar blogs de lo que te gustaría escribir, compararlos, ver qué tipo de información tienen, entre otros. Es importante que invites a tus amigos a que le pongan me gusta a tus páginas, que la compartan, que tú también la compartas y que pagues por publicidad.

Para la publicidad recomendamos en el caso de las redes sociales que sea dirigida al segmento correcto, es decir, que analicemos el mercado de personas al que queremos que les llegue nuestro mensaje y cuando vayamos a agregar el presupuesto en Facebook para publicidad para Facebook e Instagram, segmentemos el público por características, lugar, región, intereses, entre otros. Esto va a hacer que las personas que vean tu anuncio ya sea en su newsfeed o en sus historias, por ejemplo, sean las personas correctas y un muy buen porcentaje de ellas te siga. Al final lo que te va a dar dinero va a ser tener una buena cantidad de seguidores, inclusive tendrás personas que querrán ser patrocinadores.

Otra forma de ganar dinero desde tu computadora es descubrir cuáles son tus habilidades y comienza a crear cursos por internet. Comienza analizando si el curso que estás preparando tiene demanda, esto quiere decir que si las personas lo van a querer comprar. Revisa qué plataforma es la mejor que puedes usar y quiénes serán el público al que está dirigido este curso para que puedas prepararlo. Ahora que están de moda las monedas virtuales, también puedes ganarlas sin tener que gastar mucho esfuerzo. Hay páginas que te permiten jugar video juegos, llenar encuestas o ver anuncios por un pago pequeño de Bitcoin. Esto lo puedes hacer en la cantidad de páginas que prefieras, la cantidad de veces que quieras al día. Poco a poco, vas a ir poder ahorrando. Lo mejor de todo, es que esta alternativa es dinero gratis.

Ahora que ya tienes todas estas opciones de cómo ganar dinero de forma sencilla y rápido desde tu computadora en cualquier lugar del mundo, pon las manos a la obra. ¿Con qué comenzarás?

Bibliografía estilo APA.

CASTILLO, R.
Cómo ganar dinero en internet: 27 formas
In-text: (Castillo, 2019)
Your Bibliography: Castillo, R. (2019). *Cómo ganar dinero en internet: 27 formas.* [online] Mundo virtual. Available at: https://www.mundovirtual.biz/como-ganar-dinero-en-internet-27-formas/ [Accessed 12 Oct. 2019].

YABIKU, O.
In-text: (Yabiku, 2019)
Your Bibliography: Yabiku, O. (2019). [online] Vexsoluciones.com. Available at: https://www.vexsoluciones.com/ecommerce/que-es-un-marketplace-o-mercado-digital/ [Accessed 12 Oct. 2019].

ANON
In-text: (Vexsoluciones.com, 2019)
Your Bibliography: Vexsoluciones.com. (2019). [online] Available at: https://www.mundovirtual.biz/mejores-programas-de-afiliados/ [Accessed 12 Oct. 2019].

FORNER, P.
Los 10+ negocios online más rentables para empezar en 2019

In-text: (Forner, 2019)

Your Bibliography: Forner, P. (2019). *Los 10+ negocios online más rentables para empezar en 2019.* [online] Una Vida Online. Available at: https://unavidaonline.com/negocios-online-rentables/ [Accessed 12 Oct. 2019].

DE, A. AND SCIPION, F.
Ingresos pasivos: Ideas de negocios de futuro

In-text: (de and Scipion, 2019)

Your Bibliography: de, A. and Scipion, F. (2019). *Ingresos pasivos: Ideas de negocios de futuro.* [online] LifeStyle Al Cuadrado. Available at: https://www.lifestylealcuadrado.com/ideas-de-negocios-ingresos-pasivos/ [Accessed 12 Oct. 2019].

https://www.mundovirtual.biz/mejores-programas-de-afiliados/